SUEÑOS EN LA REALIDAD

Monica Calero Jacobs

Primera edición: Julio 2011

© copyright 2002-2011 Lulu, Inc.

© Copyright: Monica Calero Jacobs

ISBN – 978-1-4477-9698-5
ID contenido: 10990514

La reproducción total o parcial de este libro, no autorizada por la editorial, vulnera los derechos reservados. Cualquier utilización debe ser preferentemente concertada.

Para Diana y Lara

mis estrellas,
brillo en la oscuridad

Agradecimientos

En todas las etapas de mi vida, tengo sentimientos de agradecimiento. Tengo esa sensación de deber mucho, por quien soy y como pienso, por como siento, por poder amar la Naturaleza, sentirme tan unida a ella y por mi capacidad de vivir con intensidad lo más insignificante.

No habría podido escribir estos versos sin sentirme siempre, desde que llegué a la vida, arropada por unos padres sacrificados y bondadosos. ¡Gracias!

Tengo unos hermanos que caminan siempre a mi lado, bien cerca pero dejándome ser quien soy. Comparten sus familias que siento que son mías a la vez. Gracias Miguel por tu alegría y optimismo contagioso y tu espíritu emprendedor, sin el que no habrían salido a la luz estos poemas.

Infinito agradecimiento a mis hijas, que en los momentos más increíbles escuchaban lo que había escrito, miradas de admiración y orgullo, manos que agarran con fuerza en los momentos más difíciles. Nos queda mucho por caminar y soñar juntas.

Afortunada me siento por poder contar con grandes amigos. Ellos me aceptan y valoran tal como soy, me escuchan y me animan en mis pequeños proyectos y a creer que los sueños son lo más grande y que compartir y caminar de la mano es lo más reconfortante. Con todos vosotros he ido compartiendo estos versos durante meses y visteis reflejados pensamientos profundos, sentimientos de angustia y de ilusión y me conocisteis un poco más.

Gracias Jesús, mi sostén, mi alegría, siempre creyendo en mi, este libro en gran medida es gracias a ti.

Laura, tan lejos pero la más cercana, que nunca me soltaste la mano. ¡Mil gracias! Qué tesoro más grande es nuestra amistad. Seguiremos soñando, es nuestro derecho.

Rosa, gracias por compartir tantos años intensos y batallar tormentas juntas, pero también disfrutar de los rayos del sol.

Javi, amigo sincero que sabe escuchar, gracias por hacer que se volviesen a cruzar nuestros caminos. No dejemos de caminar ahora por el mismo sendero.

Gracias a todos ellos y a muchos más soy quien soy y estoy donde estoy. Aquella amiga que nunca se cansará de llamarme y estar pendiente de mi, esa otra que resurgió en momentos difíciles y me volvió a dar la mano sin más, viejas amigas o amigos con los que gusta recordar y nuevas amigas o amigos en esta nueva etapa de mi vida, todos llenáis un poco más mi corazón siempre dispuesto a dar y a ilusionarse.

Muchas personas se cruzaron por mi camino y compartieron momentos, cada uno ha contribuido a formar mi alma. Una mirada, una caricia fugaz, unas risas, lágrimas que acabaron en el mismo mar, vivencias compartidas, conversaciones, batallas libradas y sueños, muchos sueños…

Índice

Prólogo 15
Un mensaje al aire 19
Anhelos 20
Evasión 22
Eterna fusión 23
Sensaciones escondidas 24
Vacío 26
Destino incierto 27
Nada persiste 28
Una sociedad herida 30
Tiempo de reflexión 32
No más, por favor 33
Vivir con intensidad 34
El silencio relata 35
Torbellinos de emociones 36
Tormentas de dolor 38
Miradas ahogadas 39
Eterna batalla 40
Vuelos de incomprensión 41
Valor 42
Cambios 43
Sentimientos congelados 44
Gritos de desesperación 45
Sueños de amor 46

Aguas profundas 47

Susurros de comprensión 48

Dudas 49

Preguntas sin respuesta 50

Anhelos irreales 51

Juego de colores 52

Canto a la amistad 53

Admiración 54

Fantasía libre 55

Fortaleza sin sentido 56

Prisión de sentimientos 57

Tras la senda del amor 58

Desesperación incomprendida 60

Horas de paz 61

Una mirada sorprendida 62

Una luz en el camino 63

Sueños cumplidos 64

Jardín interior 65

Navegar en la realidad 66

Chispas de felicidad 68

Confusión 69

Dulce amanecer 70

Un éxtasis de emociones 71

Privilegio de sentir 72

Magia 74

Todo depende de uno mismo 75

Negros paisajes 76

Asustada indecisión 77

Mar enfurecido 78

Poco es suficiente 79

La dicha de compartir 80

Horas inciertas 81

Tiempo para empezar 82

Insignificancia especial 83

La fuerza de las palabras 84

Temores evaporados 86

Refugio 87

Senderos soleados 89

Triste distanciamiento 90

Paisajes soñados 91

Laberinto inquieto 92

Frágil tesoro 93

Alegrías caducas 94

Brisa esperanzadora 95

Caminar asustado 96

Felicidad fugaz 97

Papel y pluma viajando de la mano 98

Permitiendo deseos prohibidos 99

Amanecer esperanzador 100

Niebla de inseguridad 101

Sabiduría de alma y corazón 102

Latidos 103

Incomunicación 104

Viaje de la vida 105

Decisión valiente 106

Fuego consumido 107

Firme caminar en inmaduros senderos 108

Descanso 109

Conexión 110

Solitario caminar en compañía 111

Cruces de caminos 112

Sin resignación buscando horizontes 114

Un cuadro de ilusión 116

Futuro luminoso 117

Heridas eternas 118

Fiel consejero 119

Una necesidad 120

Belleza de la libertad 121

Dejarse llevar 122

Prólogo

No rechaces tus sueños. ¿Sin la ilusión el mundo qué sería?
Ramón Campoamor

Sueños en la realidad surgió justo por esta lucha, por permitirse soñar, por seguir teniendo ilusiones. ¿Por qué en la realidad? Vivimos en un mundo real, tan real que no es solamente maravilloso, es duro y a menudo oscuro. Caminar en nuestra realidad refleja trabajo, convivencia, nuestra sociedad, pero también perseguir objetivos, construir proyectos y luchar por sueños. Todo esto no es incompatible de combinar si se tiene la mente abierta y uno se siente libre al caminar. Y todavía es más fácil si se camina junto a personas con ese mismo espíritu. Personas que saben mirar hacia el horizonte y no ven simplemente una línea, o vislumbran un final, ven más allá, divisan colores, imágenes que forman historias que todavía están por llegar. Qué afortunado es aquel que puede compartir este tipo de sensaciones. Qué afortunado es el que encuentra a alguien que entienda esas inquietudes.

Habrá quien piense que soñar es irreal, es refugiarse en un mundo de fantasía y es una evasión, incluso un gesto de cobardía por no querer enfrentarse a crudas verdades. Cuánta lástima siento por ellos. Soñar es un regalo que nos hacemos nosotros mismos.

¿Sueños sin cumplir...? miles ¿Sueños imposibles de realizar...? miles ¿Sueños que bordean la locura...? miles... y qué más da que no se cumplan, mantienen el espíritu vivo, el corazón latiendo y la mente puede navegar y volar. Se es capaz de oír palabras que nunca se dijeron, de expresar pensamientos bien guardados, de sentir sensaciones inimaginables.
¿Eso es cobardía? ¡No, eso es ilusión!

Sabemos que nada es infinito, ninguna sensación, ni el dolor o la tristeza, ni el amor o la felicidad. Si aceptamos que todo es perecedero aprenderemos a sentirnos mejor y a disfrutar. Nos alegramos si se disipan sensaciones que pesan sobre el alma y nos angustiamos tanto al pensar que las buenas sensaciones puedan acabarse, que no somos capaces de interiorizarlas en su plenitud.

La felicidad es perecedera... nos da miedo sentirla... y luego perderla... pero qué afortunados somos los que podemos sentirla, aunque sea a ratos, de una manera fugaz... no nos agarremos a ella... simplemente agradezcamos esos momentos y disfrutémoslos... eso significa VIVIR!

Por ello, *Sueños en la realidad* quiere transmitir que momentos malos se superan con ilusión. Y la ilusión es una suave nube blanca y esponjosa formada por millares de pequeños sueños. Sueños insignificantes o profundos, sueños de un paisaje admirado, de compartir un momento especial con una persona, de una canción cantada por un coro de pájaros, de una historia con un final feliz...

Cualquier insignificancia puede ser importante y despertar un sueño. Un amigo que te coge de la mano, una sonrisa, un rayo de sol, el susurro de las olas, el planeo de una gaviota, una caricia, un viejo roble, la brisa cálida, dejarse salpicar por una catarata, subir a la cima de una montaña, tumbarse bajo un cielo estrellado, cantar la canción preferida.... un libro, una puesta de sol, un abrazo, una rosa, lluvia fina, un beso apasionado, el infinito mar, un atardecer otoñal, la niebla misteriosa, el fuego de una chimenea... podría continuar hasta la eternidad... Todo es cuestión de permitirse salir de esa prisión que es nuestra sociedad y dejarse llevar.

¿Qué es pues realidad? Vivimos llenos de hipocresía y falsedad. ¿No es entonces más real nuestro sueño, que refleja sentimientos que trepan desde lo más hondo de nuestro corazón?

Como dijo Paulo Coelho "La posibilidad de realizar un sueño es lo que hace que la vida sea interesante." Soñar es vivir, sentirse vivo en nuestra vida cotidiana que nos aplasta en la rutina. Sacudamos ese abatimiento, esa indiferencia y aburrimiento y comencemos a observar pequeños detalles, que de repente podrán cobrar importancia. Quien quiere conseguir algo en esta vida tiene que ser capaz de dar ese primer paso: ilusionarse por ese pequeño detalle que se puede convertir en un gran proyecto.

Este libro abre mi alma y deseo compartir estos sentimientos contigo. A lo mejor con algún que otro verso sentirás comprensión, con otros puede que te identifiques, muchas historias reflejadas te parecerán conocidas, otras te harán reflexionar, pero mi mayor deseo al decidirme a compartir mis sentimientos es que provoque una manera de vivir: ¡que te atrevas a soñar!

Un mensaje al aire

Miles de diamantes brillan en mis ojos
llenos de dolor y confusión,
crece ese mar de incomprensión
y desliza riachuelos por mi rostro.

Miles de agujas clavadas en mi corazón
gritando, anhelando más calor,
el sol que antaño me envolvía como un abrigo,
me abandonó, y desnuda me hallo sin razón.

Miles de fuegos queman mi piel,
luchando a muerte con la pasión,
el hielo funde las brasas sin compasión,
mi cuerpo queda frío e inerte.

Miles de gritos de desesperación
trepan por mi garganta buscando de nuevo el sol,
me resisto a dormir un sueño de resignación,
gaviota libre, lleva mi mensaje de dolor.

Anhelos

Una vela parpadea,
despertando una mirada hipnotizada,
de vuelta a la realidad,
termina ese viaje al pasado,
recuerdos de infancia,
juegos inocentes,
noches mágicas
y sueños sin cumplir.

La vela reluce,
absorbe de nuevo esa mirada perdida,
suenan melodías conocidas,
el calor de una mano,
una caricia fugaz,
susurros de lo nunca escuchado,
nacen nuevas estrellas
y siguen sueños sin cumplir.

La vela persiste,
conoce esa mirada melancólica,
ese corazón intranquilo,
en la lejanía una guitarra,
suspiros de anhelo,
senderos de tranquilidad
armonía interior,
llenos de sueños sin cumplir.

Y si existen estos sueños,
mil momentos se podrán repetir,
ante la cálida luz de una vela,
miradas de añoranza,
pero llenas de ilusión,
despertando nuevos sueños,
un mundo de fantasía,
que nos lleva por ese mar de estrellas...

Evasión

¿Es una ilusión o realidad?

Es un sueño sin maldad,
allí no estás solo ni hace frío
y hallas comprensión y calor.

¿Es este sueño un error?

Es simplemente una evasión,
allí siempre brilla el sol
y es poderoso e infinito como el mar.

¿Los sueños se hacen realidad?

Posiblemente son pura confusión,
para sobrevivir y callar
y no escuchar suspiros de dolor.

¿Nunca dejaré de soñar?

Algún día hallarás la paz,
sea en sueño o en realidad,
simplemente déjate llevar.

Eterna fusión

Una playa cálida y desierta,
un mar transparente sin fin,
un cielo protector y brillante,
tres elementos y una unión.

La arena blanca brillando al sol,
el mar en calma en un dulce vaivén,
las suaves nubes cabalgando al compás,
todos unidos en una misión.

¿Dónde estará ese lugar?
¿Dónde habrá tanta paz?
Tierra, mar y aire,
en una eterna fusión.

Mi cuerpo relajado y desnudo,
los rayos del sol jugando con él,
la fina arena deslizándose entre mis dedos,
las olas entonando su dulce canción.

Mi mirada distante en un sueño de amor,
una gaviota blanca saludando en la lejanía,
una poderosa palmera cobijándome del calor,
respiro profundo llenando mi corazón.

¿Dónde estará ese lugar?
¿Dónde hallaré tanta paz?
Sólo la Naturaleza y yo,
en una eterna fusión.

Sensaciones escondidas

Una vela consumiéndose,
una única luz,
todavía es noche oscura
envuelta en silencio y armonía;
un sillón desgastado,
un chirrido de una puerta,
aquel viejo jarrón en la esquina,
recuerdan a tiempos pasados.
Por la ventana abierta
se cuela una ráfaga de viento,
la vela parpadea
y esta vieja alcoba cobra vida.
El suelo vibra de tantos que lo pisaron,
algunos pasos fueron firmes,
otros cansados,
las piedras de los gruesos muros
albergan suspiros y risas,
observan historias infinitas
de amor y desengaños.
Se escucha el tintineo de un piano,
dulces melodías,
susurran recuerdos los antepasados,
mientras se apaga la vela.

El sol se despereza
y con sus dorados brazos
aparta la niebla
que acuna el valle adormecido.

Nuevas historias llenarán esta alcoba,
más pasos se deslizarán,
risas y llantos se sentirán,
una rueda sin fin.

Y a la luz de una vela,
la noche volverá a revivir
y relatar todos esos recuerdos
a quien los quiera escuchar...

Vacío

Una niebla espesa me rodea,
estiro el brazo y no encuentro tu mano,
me pierdo entre un sinfín de suspiros,
estoy sola, sin donde apoyarme y caigo sin cesar.

Siento el frío entrando en mi ser
y al mismo tiempo ardo y me quemo,
un torbellino de sentimientos,
que me hacen girar y de nuevo caer.

Me levanto una y otra vez,
me agarro a barcos sin rumbo,
necesito hallar tu mano cálida y fuerte,
para por fin dejar de caer.

Pero tu mano se va alejando,
rota y vacía me lleva el mar,
sin fuerzas, sin sostén, a la deriva,
y en la oscuridad, me dejo caer.

Siento una mano...la tuya, otra... no lo sé,
agarrada a ella vuelo como un pájaro libre,
la niebla se disipa y siento el calor del sol,
¡no pienso soltarla, no quiero volver a caer!

Destino incierto

Frágil velero
que navegas por inmensos horizontes,
cuando calmada ves la mar,
tráenos dicha y alegría
y lluvias de felicidad.

Frágil velero
que navegas entre rocas y acantilados
y enfurecida ves la mar,
danos fuerza y templanza
y no nos dejes tropezar.

Frágil velero
que navegas en oscuras noches
y la tormenta reina sobre el mar,
ofrécenos bravura y valentía
y el rumbo siempre hallar.

Frágil velero
que navegas bajo una brillante puesta de sol
y destellos hay en el mar,
bríndanos noches de amor
y evitar la soledad.

Frágil velero
¿dónde mañana me llevarás?
Frágil velero
¿qué mar te encontrarás?
Frágil velero
¡Mantén el rumbo hacia el sol
bajo un arco iris lleno de color!

Nada persiste
(gocemos de cada momento...)

Una rosa roja
mira altiva a su alrededor,
su vestido aterciopelado
reluce en ese día primaveral,
es una fiesta de colores
y ella la indiscutible protagonista;
el rocío lavó su cutis
y erguida sobresale en el jardín,
la observan, la admiran
y envidian su eterna juventud.
Ella se siente bella,
su orgullo la hincha,
y abre su corona rojo pasión;
la brisa la acaricia con dulzura,
el sol la mima con cariño
y una fina lluvia la refresca del calor.
Se dibuja una sonrisa en su rostro,
refleja su espíritu soñador,
parecen oírla cantar canciones de amor.
Pasan horas, llenas de esplendor
y llega la noche oscura,
que oculta incluso a la más bella flor.
Esta rosa tan bella,
se despereza al amanecer,
extrañada al no ver el sol,
nubarrones negros pintan un paisaje triste,
una lágrima se desliza por su rostro,
ha visto un pétalo suyo en la tierra negra,
debió caer en la oscura noche.

Abre su manto rojo con desesperación,
buscando el calor del sol,
pero se siente vieja y derrotada,
ya nadie la mira,
ya nadie la envidia;

horas más tarde yacen a sus pies
su corona y su capa marchitas,
una mancha de sangre,
fue un vivir corto e intenso...
también la más bella flor marchita,
el más bello momento pasa
y las más bellas historias
se convierten en recuerdos!

Una sociedad herida

Giro y giro
en un mar de hombres,
giro y giro
en un desierto de hormigón
giro y giro
en una selva de bestias
... un náufrago de la sociedad soy.

Ellos corren sin cesar
y no tienen destino donde ir,
ellos gritan al hablar
y nadie entiende lo que quieren decir,
ellos giran la cabeza,
cuando por algo hay que luchar,
ellos no se paran a escuchar,
a quien tanto tiene que decir,
ellos muestran indiferencia
ante injusticias y sufrir,
ellos en silencio permanecerán,
si alguna causa hay que defender,
ellos la sangre no verán
que la maldad debió derramar,
ellos la cabeza agacharán
ante cualquier muestra de poder,
ellos nunca cantarán
plegarias llenas de amor,
ellos ni siquiera llorarán
y la indiferencia dejaran crecer.

Giro y giro
en un mar de hombres,
giro y giro
en un desierto de hormigón,
giro y giro
en una selva de bestias
... un náufrago de la sociedad soy.

Tiempo de reflexión

Cae una hoja rojiza,
la última,
el árbol desnudo
reclama su abrigo,
los caminos se tiñen de gris,
los bosques perdieron su verdor,
el viento arrastra es hoja,
se desliza entre muchas otras
y pierde su identidad.
Llega el frío,
todo se adormece,
la alegría y actividad
dejan paso a la supervivencia;
la luna observa atenta
ese descanso de la naturaleza,
ese sueño reparador,
con melancolía recuerda
noches de calor y energía
y acuna con su mirada todo ser,
prometiendo que volverán
esos colores que se apagaron,
que el silencio recobrará
el cantar de los pájaros,
y los árboles recuperarán
su poderío bajo el sol.
Son momentos de reflexión,
de largas noches,
de fríos atardeceres,
son momentos de añoranza,
buscando el dorado sol
y sonrisas llenas de calor;
es un círculo cerrado,
giramos todos en esta rueda,
guiados por la Madre Naturaleza

No más, por favor

No más, por favor...
ese dolor que desgarra mi pecho
y me arranca el corazón...
...no más por favor.

Ese llanto que ahoga mi mirada
y no me deja ver el sol...
...no más, por favor.

Ese nudo que oprime mis entrañas
y carcome mi interior...
...no más, por favor.

Ese mar de pensamientos
del que es dueño la incomprensión...
...no más, por favor.

Ese corazón que sueña y anhela
el cobijo en otro corazón...
...no más, por favor.

Esa piel solitaria y fría
que desea vibrar por pasión...
... no más, por favor.

Las fuerzas se rinden,
la voluntad se adormece,
el sueño se evapora,
la ilusión se esconde,
la tristeza se despierta
y la resignación se crece.

Y siempre suena esa misma melodía:
NO MÁS POR FAVOR...

Vivir con intensidad

Un pequeño bote
viaja a la deriva,
un suave balanceo,
duermo un sueño reparador.

Una pequeña cala
me recibe en sus brazos,
me deslizo en las templadas aguas,
desprendiéndome de cualquier dolor.

La blanca arena de la playa
es mi lecho bajo el sol,
destellos dorados acarician mi cuerpo,
me llenan de paz y de calor.

El mar me llama con dulzura,
sus aguas me vuelven a abrazar,
transparente e infinito,
me susurra historias de amor.

De nuevo en mi pequeño bote,
con rumbo incierto,
esperando otra cala donde amarrar,
...pequeños momentos, vividos con intensidad.

El silencio relata

El silencio,
se palpa, se siente,
vuela a mi alrededor
acariciándome con ternura,

el silencio,
me habla, me susurra,
llena mi mente,
escuchando mi pensar más oculto;

el silencio,
me cautiva, me hipnotiza,
me hace sentir ligera,
acunándome en un precioso sueño;

el silencio,
se acerca, me abraza,
llena de fuerza mi interior,
haciéndome sentir en paz conmigo misma.

Torbellinos de emociones

Mi alma intranquila,
siempre en busca de más,
mi alma descontenta,
siempre anhelando felicidad,
mi alma confusa,
siempre preguntando el por qué.

Mi corazón comprensivo,
siempre tratando de entender,
mi corazón herido,
siempre ocultando el dolor,
mi corazón soñador,
siempre dispuesto a dar calor.

Mi mente agitada,
siempre pensando y ahora qué,
mi mente incansable,
siempre deseosa de aprender,
mi mente preocupada,
siempre pendiente de responder.

Mi alma, mi corazón y mi mente,
exhaustos pereceréis y en silencio agonizareis.

Mi alma dolida,
nunca encuentras la deseada paz,
mi corazón solitario,
nunca cantas ya canciones de amor,
mi mente confusa,
nunca descansas en un sueño apaciguador.

Mi alma, mi corazón y mi mente,
exhaustos pereceréis y en silencio moriréis.

Mi alma soñadora,
nunca cierres las cortinas al sol,
mi corazón amante,
nunca te congeles lleno de dolor,
mi mente despierta,
nunca te duermas sola y sin valor.

Mi alma, mi corazón y mi mente,
unidos todo superaréis y la esperanza recuperareis.

Tormentas de dolor

El cielo cubierto de nubes oscuras,
el sol asustado y escondido,
suenan los truenos como gritos roncos
y cae una lluvia de lágrimas sobre la Tierra.

Entra la noche como una sombra negra,
la luz atrapada y solitaria,
las estrellas apagan todos sus fuegos
y más lágrimas caen como lluvia fina.

Una niebla espesa aprisiona el amanecer,
las flores perdieron todo su color,
los pájaros cantarines se quedaron mudos
y un torrente de lágrimas se mezcla con el rocío.

¡Mientras las lluvias de lágrimas
y las tormentas de tristeza
sigan nublando el sol,
no volverán a haber cálidos amaneceres
ni noches llenas de amor...!

Miradas ahogadas

Una solitaria lágrima
nace desde lo hondo de mi corazón.
tiene vida propia
y se alimenta del dolor.

Decenas de lagrimas
siguen a la primera en su peregrinación.
dejan surcos en mi rostro
y navegan por ríos de injusticias.

Cientos de lágrimas
recorren noches oscuras sin ver la luz,
arrancan sollozos desde mi interior
y llenan mares de soledad.

Miles de lágrimas
caminan por el sendero de la incomprensión,
apagan miradas de ilusión
y me ahogan en un océano de tristeza.

¿Cuántas lágrimas han de nacer
hasta eternamente el mundo inundar?
¿Cuántos lugares han de recorrer
hasta por fin mis ojos secar?

Eterna batalla

Me rindo,
he perdido esta batalla,
pero otras nuevas vendrán.
He tropezado infinidad de veces
y caído en oscuros agujeros.
He hallado cientos de barreras
y chocado con gruesos muros.

Me resigno,
he perdido esta batalla,
pero otras nuevas vendrán.
He mantenido la cabeza alta
y gritado para hacerme oír.
He sonreído llena de dolor
para hacer a otros feliz.

Me canso,
he perdido esta batalla,
pero otras nuevas vendrán.
He cantado melodías de amor
que volaron para nunca volver.
He cerrado los ojos con dolor,
para lo evidente no tener que ver.

Me resisto,
he perdido esta batalla,
pero otras nuevas vendrán.
He decidido respirar hondo
y volver a cantar.
He pensado coger fuerzas
para nuevas batallas afrontar.

Vuelos de incomprensión

Esa frágil paloma blanca
paralizada se quedó,
no encuentra refugio en su nido,
ni tiene valor para volar en la noche oscura.

Ese ruiseñor cantarín
mudo se quedó,
se ahoga al intentar alzar la voz
y no halla melodías de consuelo.

Ese águila con fortaleza
débil se quedó,
desorientado no sabe hacia donde volar
y entre las rocas se esconde de lo que pueda llegar.

Ese cisne calmado
temblando se quedó
las aguas en las que nada, frías y turbias están
y perdió su aire de seguridad.

Valor

Un pájaro abatido,
sacude su plumaje,
mira hacia el cielo
y se lanza a volar.
Emprende camino hacia el sol
sin mirar atrás,
su nido, su refugio
abandonó con valor.
Vuela solo, sin sentir soledad,
canta con fuerza nada más que para él
sin rumbo, pero sin sentirse perdido,
es un nuevo comenzar.

Cambios

Ese pequeño estanque
en el que el sol dibujaba
y las estrellas se miraban,
en el que nadaban los sueños
y se reflejaba toda una vida ...

Ese pequeño estanque
en el que el cisne descansaba
y la frágil mariposa se posaba
en una flor sonriente
que el viento animaba a bailar ...

Ese pequeño estanque
en el que la libélula se deslizaba
y las nubes se abrazaban,
mientras un pequeño ruiseñor
cantaba canciones de amor...

Ese pequeño estanque
se inundó, rebosó y arrastró
todo lo que a su paso encontró;
demasiadas lágrimas ahogaron
sueños, cantos y sonrisas,
demasiado dolor destrozó
paisajes de calma e ilusión.

Sentimientos congelados

Un bloque de hielo,
transparente, duro y frío,
guarda una rosa en su interior,
roja, frágil y prisionera.

Los rayos de sol
acarician con sus ardientes brazos,
tratando de liberar esa rosa
y derretir esa congelada prisión.

El viento fuerte
golpea con sus puños
mirando con esperanza a la rosa
y erosionar esa cárcel de hielo.

Pero ninguna fuerza
será capaz de liberar
esa rosa de mi corazón,
prisionera sin poder sentir,
volver a vivir esa pasión
y recordar lo que era el amor.

Gritos de desesperación

como duele ...
es una espina en el corazón
que hunde su afilada punta sin compasión,
son golpes sin dejar señal,
mas se desangra el interior,
es una caída, un caminar en círculo,
no ver salida, un laberinto que ahoga,
es como arrancar de tus entrañas
los tesoros más preciados,
es un vacío oscuro y frío,
un torbellino que te arrastra a la profundidad,
es miedo, es angustia, es tristeza ...
como duele la soledad

Sueños de amor

Una noche intranquila,
anhelos y sueños,
imaginación e ilusión...
y la luna relata
una historia de amor:
paseos por la playa,
dos manos entrelazadas,
dulces palabras,
abrazos y caricias,
un beso que hace temblar
y sentirse llevado al más allá,
planes y promesas,
miradas profundas
y más besos apasionados,
dos cuerpos arden,
fundiéndose bajo las brasas,
un solo corazón,
las mentes son música,
las almas abren sus puertas
y los cuerpos bailan al compás;
una pluma se desliza
por el libro de la vida,
habla de confianza y cariño,
de comprensión e ilusión...
y la luna sigue relatando
esta historia de amor,
para quien quiera seguir soñando
y dejarse llevar por la imaginación.

Aguas profundas

Inmenso mar,
embalse de lágrimas,
infinito mar,
refugio para los desesperados,
poderoso mar,
fortaleza para quien perdió el rumbo,
luminoso mar,
sendero para caminares cansados,
calmado mar,
remanso de paz para corazones angustiados,
valeroso mar,
ejemplo para no dejar de luchar,
melancólico mar,
susurro de melodías profundas,
eterno mar,
un libro abierto relatando historias,
mi querido mar,
mi vida, mis sueños, mi incansable navegar...
abrázame sin más...

Susurros de comprensión

Un solitario atardecer,
el sol se acuesta adormilado,
acuna las aguas calmadas,
y entona una dulce canción;
abraza a almas intranquilas,
apacigua las olas rabiosas,
que golpean las rocas con furia
gritando las injusticias al viento,
lanzando mensajes al mar,
que recoge una dulce gaviota,
para que alguien se pare a escuchar
y devuelva un susurro de paz
a quien lo pueda necesitar.

Dudas

Llega la noche,
sus secretos y misterios,
llegan las dudas
sobre un mañana incierto,
llega la oscuridad
con miedos y temores,
llega el frío,
que anhela un abrazo sin más;

llega una estrella
que guía hacia el horizonte,
llega el rugir de una ola
que recuerda que hay batallas por librar,
llega la luna sonriente,
que dibuja un sendero de paz,
llega una mano amiga
que aparta dolor y ansiedad.

Preguntas sin respuesta

¿qué es realmente la felicidad?
Puede que sea, ser capaz de hablar con el mar,
puede que sea, disfrutar viendo el sol brillar,
puede que sea, poder a un amigo abrazar,
puede que sea, reírse de lo que hace llorar,
puede que sea, alzar la voz para cantar,
puede que sea, simplemente en otros pensar...
La felicidad, sea real o un sueño sin alcanzar,
es un instante de paz, que no hay que retener,
sino únicamente disfrutar!

Anhelos irreales

El fuego grita desde el interior,
desde una profundidad desconocida,
anhela caricias y susurros,
una mano deslizándose sobre la piel,
explorando curvas y recovecos,
una suave brisa que anima a revivir,
despierta sensaciones que hacen estremecer,
besos con mensajes de calor,
susurros que recorren senderos de cariño,
un abrazo que corta la respiración,
sol, luna e infinitas estrellas,
todos brillando a la vez,
un vuelo acolchado entre nubes,
borrando el miedo a dejarse querer,
sentir, volar y soñar...
y volver a soñar una y otra vez...

Juego de colores

Un espejo azulado
dibuja alegres sueños,
un dulce balanceo
aplaca miradas rabiosas,
suave espuma blanca
acaricia con dulzura,
la dorada arena
es un lecho de paz.

Un manto turquesa
envuelve la Madre Tierra,
una bella sirena
entona una canción de amor,
diminutos destellos
lanza el mágico sol,
un corazón melancólico
embrujado por este cuadro lleno de color.

Canto a la amistad

Una mirada
y me entiendes,
una lágrima
y me consuelas,
una sonrisa
y me acompañas,
un gesto
y una gran complicidad.

Mil palabras
y nos escuchamos,
mil dudas
y las compartimos,
mil pensamientos
y nos comprendemos,
mil historias
que se convierten en recuerdos.

Dos personas
caminando de la mano,
dos almas
con inquietudes,
dos soñadores
con ilusiones,
dos amigos
de verdad!

Admiración

Te observo Naturaleza,
veo como sufres y lloras en silencio,
noto como te hacen daño y apenas te quejas,
siento como agonizas, gritas e intentas llamar
la atención.

Te admiro Naturaleza,
comparo tu valor con nuestra cobardía,
conozco tu fortaleza por luchar y sobrevivir,
valoro tu serenidad y que no nos abandonas
sin más.

Te necesito Naturaleza,
no dejes nunca de luchar con esa valentía,
te rodea maldad, egoísmo y afán de
destrucción,
pero tu ganarás, con el poder de tu bondad!

Fantasía libre

La mente divaga
viajando hacia un mundo de fantasía,
donde lo imposible se convierte real
y el cariño domina la maldad,
callando gritos de dolor,
inventando historias de amor...

El corazón palpita,
dibujando un arco iris luminoso,
donde un abrazo dura una eternidad
y las palabras son pura sinceridad,
cobijando secretos y anhelos,
entonando canciones de amor...

El cuerpo se estremece,
flotando en un mar de pasión,
donde una caricia despierta sensaciones,
olvidadas en un viejo baúl,
un volcán en plena erupción,
soñando con una noche de amor...

... y qué duro es el despertar ...

pero siempre se puede volver a divagar,
soñar y desear
y navegar en ese mundo irreal.

Fortaleza sin sentido

Soy fuerte como el mar
y con mis sueños
llenaría los secos desiertos
con agua, peces y vegetación.

Soy fuerte como el viento,
con mi tenacidad
soplaría multitud de semillas
creando un jardín de mil colores.

Soy fuerte como el sol,
con mi ilusión
derretiría fríos glaciares
creando un mundo lleno de calor.

Me siento fuerte en mi interior,
luchadora, positiva y con fervor,
... sin embargo, no soy capaz
de recuperar tu amor...

Prisión de sentimientos

Como una mancha negra y espesa
se extiende por doquier,
paralizando lo que encuentra a su paso
y nos volvemos pasivos y distantes:
esta es la indiferencia.

Como una niebla húmeda y fría
nos envuelve en cada rincón,
una gruesa cortina que nos tapa la luz
y nos volvemos ciegos y solitarios:
esta es la incomprensión.

Como una tela de araña viscosa
nos atrapa sin compasión,
nos ahoga cuanto más nos resistimos
y nos volvemos cobardes y apáticos:
esta es la falta de ilusión.

¡Un grito en la oscuridad!

Me resisto,
no quiero sumirme a esta situación.
seguiré sonriendo,
soñando con un lugar lleno de música y color.

Continuaré ilusionándome,
hay tanto que disfrutar en esta vida.
¿Quién quiere acompañarme?
Cogidos de la mano
y caminando hacia el sol,
apartaremos de nuestro lado
la indiferencia, incomprensión
y falta de ilusión.

Tras la senda del amor

Las dulces palabras que me susurras al oído
me llenan de calor,
son dorados rayos de sol
en una noche de tormenta.

Tus fuertes manos exploran mis curvas
y me hacen estremecer,
son suaves brisas
en una noche de calor.

Tus ardientes besos recorren mi piel
haciéndome suspirar,
son fuegos inagotables
fundiendo el frío del invierno.

Tu vibrante cuerpo en mi interior
me culmina de pasión,
son dos almas cantando la misma canción,
como las olas le susurran al mar.

Juntos acariciamos las estrellas,
juntos ardemos como un volcán,
juntos nadamos en un infinito mar,
juntos volamos hacia el más allá.

Yacemos en silencio,
escuchando el doble palpitar,
dos corazones al compás,
dos cuerpos entrelazados,
dos labios fundidos
y rebosantes de felicidad.

No distingo tu rostro,
no sé si te conozco,
ni siquiera si existes,
no digas nada,
no descubras tu identidad,
juntos veremos salir el sol
y volveremos a soñar.

Desesperación incomprendida

¡Sola quiero estar sola!

Ni siquiera deseo ver la luna
que me observa altiva y orgullosa,
tampoco quiero ver el sol
que me deslumbra y me ciega,
no quiero ver los verdes prados
que me recuerdan a épocas felices,
no me apetece que me acaricie la brisa
que me hace sentir demasiado viva,
y tampoco quiero acercarme al mar
en el que navegan historias pasadas.
no quiero pasear ni por playas ni por montes,
ni oír cantar los pájaros felices,
tampoco quiero más sueños bonitos
que me alejan de la realidad.

¿Sola quiero estar sola!

No quiero oír más gritos ni quejas
que me están dejando vacía,
tampoco quiero más consejos
y que al final nadie me entiende.
ni siquiera quiero más excusas
y tanto "perdóname" sin sentido.

No quiero nada, no pido nada,
nada más ¡quiero estar sola!

Horas de paz

Noche oscura,
un dormir intranquilo,
el viento azota ramas desnudas,
el frío cubre la tierra endurecida,
helando nuevos brotes,
un tiritar recorre la piel.

Noche viva,
el parpadear de una vela,
una canción recorre un cuerpo intranquilo,
la melancolía llena el corazón,
brota un dulce sueño
y trae sensación de calor.

Noche soñadora,
palabras recorren caminos inciertos,
dibujan una sonrisa en tu rostro relajado,
la felicidad reluce en la mirada,
crece un prado floreado
y alza la voz un dulce cantar.

Una mirada sorprendida

En la cumbre de la montaña,
una mirada hacia el horizonte,
que se tiñe de tonos anaranjados;
un salto al vacío,
desapareció el miedo angustioso,
miedo a golpearse contra rocas afiladas,
a chocar con las paredes del desfiladero,
a arañar y agarrar, tratando de volver atrás,
un sentimiento de alivio y libertad,
volar, flotar y confiar,
un ligero viento que trasporta con dulzura
a quien decide simplemente dejarse llevar;
una mirada sorprendida,
el valle está lleno de vida y color,
saludan las flores, juegan los animales,
susurran los árboles, baila el trigal,
un coro canta en la copa del orgulloso abeto,
una curiosa abeja cesa en su trajinar,
el sol acaricia el verde prado,
diminutas gotas saltan de hoja en hoja,
y un riachuelo cuenta historias por llegar.

Una luz en el camino

Vi una estrella
y la observé,
la volví a ver
y la seguí,
cuando de nuevo la encontré,
le abrí mi corazón.

No es mía,
pero está conmigo,
es libre,
pero me acompaña,
es especial
y me hace sentir bien.

Juntos caminamos
esquivando las piedras del sendero,
juntos reímos
y encontramos momentos de paz,
juntos lloramos
y conseguimos secar las lágrimas.

Mi estrella alegre,
no dejes de hacerme sonreír,
mi estrella de paz,
no me sueltes la mano,
mi estrella de luz,
no te apagues en mi corazón.

Sueños cumplidos

Cuando llegasteis a la vida
una estrella en el cielo se iluminó,
ese cordón que nos unía,
aunque invisible, aún nos mantiene atadas.

Cuando os sostuve en mis brazos,
mi corazón se llenó de amor,
una sensación grande e infinita
que perdurará más allá de mi existencia.

Cuando os vi sufrir
lloré con vosotras vuestro dolor,
tratando de dar siempre consuelo
y que nunca conocieseis la soledad.

Cuando os observé tropezar,
os he tenido que dejar,
manteniéndome cerca y a la vez apartada
para que solas pudieseis madurar.

Incondicionalmente os quiero yo,
más que a mi propio ser,
llegasteis a la vida fruto del amor
y una estrella en el cielo se iluminó.

Jardín interior

Una orquídea marchita,
enfermiza y sin sostén,
necesita mimos y cuidados
y que la hagan sentir especial.

Una rosa pasional
lucha por mantener su frescor,
con sus espinas se rebela
a perder el fuego de su color.

Un girasol imponente
que no sabe ya a donde mirar,
entre dudas e incertidumbres,
la cabeza le hacen agachar.

Una margarita insignificante,
una más entre un montón,
intenta ser única
y colmarse de ilusión.

Un clavel temperamental,
con carácter y tenacidad,
está orgulloso de quien es
y busca la felicidad.

Un jardín de flores
crece en mi interior,
lleno de sensaciones y emoción,
un cuadro lleno de color.

¿Quién cuidará ese jardín,
sino yo misma,
quien hará que rebose de color,
sino mi propia ilusión?

Navegar en la realidad

Río abajo va flotando,
a la deriva, sin ver el final,
choca con rocas y pedruscos,
tambaleando sin cesar,
tragada por un torbellino,
lucha por no ahogarse,
vuelve a la superficie,
para hundirse nuevamente,
arrastra muchos residuos,
pero también flores y semillas,
para depositar en las orillas,
historias de dolor y de ilusión,
arrastrada sin control, saltando al vacío
en una catarata espectacular,
chocando con fuerza
y de la sacudida despertar,
el río calma su bravura
y flotando puede soñar,
sin más preocupación
que llegar al valle soleado,
desde allí sigue río abajo,
abriéndose camino sin cesar
y por fin, llena de fuerzas,
experiencias y vivencias
al mar pudo llegar.
Allí navega horizontes,
acompañada por la luna,
calentándole el sol
y guiándole las estrellas.

No pararás jamás
inquieta alma mía,
navegarás por rumbos inciertos,
manteniéndote en la superficie,
expectante y con esperanzas,
siempre de camino hacia la felicidad.

Chispas de felicidad

Frágil como las alas de una mariposa,
te creíste invencible,
construiste un mundo de sueños,
viviste por y para los demás,
guardaste tu risa en tu interior,
te sumiste a la carrera de la sociedad,
callaste y no te hacías oír
e idealizaste la felicidad.

Pequeña partícula del universo,
aprende a sentirte especial,
entiende que poco puede ser mucho,
que también hay que exigir a los demás,
admite que las fuerzas tienen su fin
y que todos necesitamos calor,
apréciate por ser quien eres
y aparecerá la felicidad.

Brillante luz de tu estrella,
déjate por el destino llevar,
tu bondad te rodeará
de muchas otras estrellas
que cariño y calor te darán,
acepta que cada estrella es especial
y que a ninguna podrás cambiar
y que todas te aportan felicidad.

Confusión

Un pozo muy hondo,
todo es negra oscuridad,
el frío me hace tiritar
y un grito se ahoga en mi garganta.

Un desierto infinito,
un paisaje árido me envuelve,
el calor me arde la piel,
camino y camino sin cesar.

Qué incongruencia...
si en mi corazón hay colores
y agradables sensaciones,
si estoy rodeada de amor
y cariño de tantos que me quieren,
¿por qué mi mente sólo puede ver
oscuridad y desérticos paisajes,
por qué siento frío y me quemo a la vez,
tan confundida, ya que no me reconozco?

Dulce amanecer

El sol refleja su aura dorada,
fundiéndose en un anaranjado fuego,
pequeños destellos brillan sobre hojas húmedas,
que el rocío refresca en este amanecer.

Aletea una mariposa coqueta,
danzando de flor en flor,
es mensajera de la calma,
que la brisa acerca en este amanecer.

Desperezándome me giro hacia la luz,
que me envuelve como un manto protector,
siento brotar fuerzas en mi interior,
y camino ilusionada en este amanecer.

Un éxtasis de emociones

Un éxtasis de emociones,
me siento viva y a la vez derrotada,
siento frío y calor,
tengo el corazón rebosante de amor,
y al mismo tiempo incomprendido y solitario,
necesito sentirme acompañada
y a la vez la mejor compañía soy yo misma,
me siento parte de la naturaleza,
disfruto de todas sus sensaciones
y en cambio echo de menos
estar todavía más unida a ella,
canto con alegría al viento,
mientras lágrimas salen de mi triste mirada,
tengo tanto y valoro cada detalle,
pero quiero más paz en mi interior.

Un éxtasis de emociones,
imposible de describir,
pero ¿por qué tanto cuestionarse?
¿Por qué querer ordenar ideas?
¿No será simplemente que estoy viva
y esto forma parte del vivir...?

Privilegio de sentir

Una playa en calma,
un amanecer apaciguador,
tras una noche de tormenta;
decenas de blancos seres
descansan junto a la orilla,
después de una señal
alzan estas gaviotas su vuelo,
todas al compás,
gritando 'Libertad'.

Se elevan y planean en la suave brisa,
se dejan llevar por su incierto destino,
viven al día, sin correr ni programar,
bella gaviota que tantas historias viste.
Bajo esta nube de aves ligeras,
un mar azul se extiende por doquier,
resguarda miles de especies
y en él navegan infinitos recuerdos
que las olas acercan a la orilla.

Los malos recuerdos rompen con fuerza
contra rocas y acantilados,
mientras que las buenas nuevas,
se deslizan sobre la fina arena,
traen mensajes de amor y felicidad
entre su blanca espuma.

El sol dibuja un río dorado sobre el mar,
nace desde el lejano horizonte,
acercando energía y fuerza
hasta esta calmada playa,
juega con el aire, las olas y la fina arena,
calienta las rocas y saluda las gaviotas.

¡Qué gran privilegio para mi
poder participar en vuestro juego!
Gracias brisa marina
por acariciarme con cariño,
gracias olas revoltosas
por revelarme verdades,
gracias poderoso mar
por enseñar que calma y paciencia
son grandes virtudes,
gracias frágiles gaviotas
por llevar mensajes nunca escuchados,
gracias querido sol
que me protege y acuna como a un hijo más,
¡Qué gran privilegio para mi
poder disfrutar junto a vosotros
y que me hagáis sentir tan viva y especial!

Magia

Pequeñas hadas danzarinas,
vuestros mágicos destellos
embrujan mis ojos.

Brillantes piedras preciosas,
guardáis calor como un tesoro,
relajando mi cuerpo.

Tus quejidos y tus suspiros,
el poder de tu luz
hipnotiza todo mi ser.

El tiempo se para
mientras observo
el baile de las llamas,
el relucir de las brasas,
el crepitar de las ramas.

El fuego, una chimenea,
una vieja alcoba,
una mirada ensimismada
y un corazón solitario,
recordando y reviviendo,
envuelto en la magia
de este juego de luces y color.

Todo depende de uno mismo

¡Cada día que vivo,
cada nuevo momento,
ha de ser especial!

Seré yo misma a cada instante,
única y auténtica,
quiero dar lo mejor de mi
y no estoy sola
ante mi destino incierto.

Mi corazón tiene heridas,
pero es fuerte y luchador,
he caído y me he levantado,
pero sigo siendo yo misma.

Vivo cada instante con intensidad,
he alcanzado más de lo que nunca pensé,
mis sueños dibujan colores en mi interior,
y sé que todo depende de mi,
que siga haciendo planes,
que sepa quien realmente soy,
y que logre sobre mis sentimientos el control.

Sé que todas las respuestas
nada más me las puedo dar yo,
lo que pueda mejorar,
lo que necesite para mi,
y lo que quiera dar a los demás.

¡Cada día que vivo,
cada nuevo momento
ha de ser especial!

Negros paisajes

Tanto vacío,
el viento arrancó todas las flores del prado,

tanta oscuridad,
el sol se escondió tras unas nubes negras,

tanta injusticia,
las gaviotas gritan y se quejan a la humanidad,

tanta decepción,
el arco iris se difumina tras la fría niebla,

tanto dolor,
mares de lágrimas inundan la Tierra.

Asustada indecisión

Acurrucada en un rincón,
me aplasta la decepción,
me abrazo y me siento temblar,
asustada miro hacia la puerta
¿qué habrá detrás?

El suelo frío es todo mi sostén,
las desnudas paredes me aprisionan,
una luz se asoma por esa puerta,
y su reflejo me deslumbra
¿qué habrá detrás?

La humedad de esta prisión,
hincha de dolor mi corazón,
sola y apática me vuelvo a abrazar,
aterrorizada veo que se abre la puerta
¿qué habrá detrás?

Cuánto valor hace falta para cruzar esa puerta,
caminar seguro y aceptar lo que haya detrás,
podría cerrar la puerta con sigilo
y seguir sola en esta prisión,
podría no enfrentarme a lo que me espera,
ignorar que hay una puerta que se abre sin fuerza,
o podría caminar con firmeza hacia ella
y posiblemente brille un sol tranquilizador.

Mar enfurecido

El mar está enfurecido,...
igual que yo,

ruge y grita para hacerse oír,...
igual que yo,

pega con rabia por no ser escuchado,...
igual que yo,

choca contra barreras e intenta abrirse paso,...
igual que yo,

adelanta su paso pero le hacen retroceder,...
igual que yo,

anhela calma y transparencia,...
... siempre igual que yo ...

Poco es suficiente

El mar,

el sol,

una guitarra,

una canción.

Paz,

armonía,

tranquilidad

e ilusión

La dicha de compartir

Una solitaria gaviota,
piensa al amanecer,
mientras haya viento, mar
y un sol radiante,
soy capaz de ser feliz,

Mientras pueda volar libre,
que las olas me salpiquen,
y sentir las caricias del aire,
soy capaz de tener ilusión,

Pero si encima puedo compartir todo esto,
observarlo junto a alguien,
comentar mis sensaciones,
y valorar juntos todo esto,
sería capaz de sentirme más viva todavía,

Y si los dos compartimos todo esto,
con una bandada de gaviotas,
que nos acompañan en días soleados,
pero se arriman a nosotros en noches frías
y tormentas negras,
sería capaz de llorar de alegría.

Una solitaria gaviota,
piensa mientras la calienta el sol,
mientras sienta la brisa marina,
mientras escuche el rugir de las olas,
soy capaz de sentirme feliz,
pero si comparto todo esto
… un sueño se haría realidad.

Horas inciertas

El mundo se ha parado,
las olas rugen rabiosas,
las nubes tapan el sol,
un silencio absoluto.

La Tierra se ha congelado,
ya no brillan los colores,
no se escuchan melodías,
no se siente nada.

El tiempo se ha detenido,
no hay presente ni futuro,
sólo un pasado confuso,
y las tormentas ciegan miradas dolidas.

Pero el mundo sigue su curso,
la Tierra sigue girando,
y las horas siguen pasando,
el sol aparta las nubes,
los pájaros llaman con sus cantares,
y brotan flores de mil colores.

No hay que mirar al pasado oscuro,
sino recordar sólo días soleados,
no hay que temer el futuro incierto,
que inevitables tormentas siempre habrá,
hay que vivir con intensidad,
sentir el presente como único e inolvidable.

Tiempo para empezar

El mar está en calma,
las olas bailan una danza de reflexión,
el sol se ha escondido,
y las gaviotas se perdieron en la lejanía.
Es tiempo para pensar ...

Se disipó la niebla,
y la tormenta se apaciguó,
las nubes adormecen
y la suave brisa tranquiliza las almas.
Es tiempo de paz ...

El horizonte se tiñe de naranja,
la luz juega con las gotas del rocío,
un solitario mirlo canta su canción,
y nace en la árida tierra una nueva flor.
Es tiempo para empezar ...

Insignificancia especial

Pequeño gorrión,
alegre y saltarín,
tu cantar no es melodioso,
y no sabes cómo hacerte oír,
tu plumaje no es colorido,
e insignificante te hace sentir,
tus vuelos son cortos
y te limitas a sobrevivir,
eres uno más entre tantos,
y luchas por sobresalir.

Pequeño gorrión,
alegre y saltarín,
sé tu mismo a cada instante,
que en la vida no se ha de fingir,
eres especial a tu manera,
quiérete y tendrá sentido el vivir.

La fuerza de las palabras

Palabras
que arrastra el viento,
y chocan contra inocentes,
que golpean con fuerzan
aturdiendo las mentes.

Palabras
gritadas con rabia,
que fortalecen a la incomprensión,
un torbellino de contradicciones,
que clavan espinas en un corazón.

Palabras
de mil colores,
con un sinfín de significados,
lanzadas con alguna intención,
dejando heridos a los afectados.

Palabras
que hay que olvidar,
y encerrar al monstruo del rencor,
volaron y perdieron su valor,
y el tiempo apaciguará el dolor.

Pero son palabras,
que esconden sentimientos,
son palabras,
que reflejan emociones,
son palabras
que permiten debatir y luchar,
son palabras,
que hacen reflexionar.

Tristes son las palabras escondidas,
las que se encierran y no se dejan oír,
las que se piensan y no se permiten sentir,
esas palabras no hieren y causan dolor,
esas matan,
en un agonizar lento y lleno de sufrir.

Temores evaporados

Una nube suave y esponjosa,
es mi lecho en este atardecer,
una brisa cálida y envolvente,
me acuna haciéndome adormecer,
un arco iris resplandeciente
pinta un cuadro colorido,
un ave en peregrinación
trae un mensaje de amor.

Navego entre nubes de algodón,
arropada, sin nada que temer,
me dejo llevar por esa sensación,
ligero, dejándome querer,
me susurran dulces canciones,
mil pájaros con su aleteo,
floto sin conocer mi destino,
un viaje lleno de esplendor.

Refugio

Una pequeña isla,
perdida en un gran océano,
una sola palmera,
donde agarrarse en momentos de flaqueza,
un sueño lleno de calor,
pequeñas historias que iluminó el sol,
esconde con sigilo recuerdos,
tesoros enterrados bajo la blanca arena,
la fina lluvia llora en silencio,
añora momentos inolvidables,
una bandada de golondrinas,
descansa en su viaje buscando el sol,
se aleja llevándose sentimientos,
una peligrosa mezcla de esperanza y anhelo,
miradas de melancolía,
cuentos nunca relatados,
palabras que se ahogan en el interior,
una tormenta azota con fuerza,
dejando a todos sin sostén,
arranca tesoros del corazón,
arrastra recuerdos hacia el mar,
el tiempo difumina ese sueño,
se distingue borroso entre la niebla espesa,
hace tambalear y sentir desesperación;
pero sigue encontrándose allí,
esa pequeña isla,
refugio para días de tormenta,
esconde secretos bien guardados,

sueños nunca cumplidos,
canciones nunca cantadas,
sentimientos incomprendidos,
es un lugar para soñar,
para vivir lo irreal,
para contemplar lo inexistente
y las estrellas abrazar.

Senderos soleados

Me abrazo muy fuerte
y miro hacia el sol
piso con firmeza
no pensando en dolor,
vivo por esos días soleados,
por quererme cada día más,
camino sin mirar atrás,
siguiendo ese sendero dorado,
en momentos de oscuridad,
visualizaré ese brillante resplandor,
que me ofrece su mano,
a la que me agarro sin temor,
me dejo llevar,
sin pensar en lo que queda atrás,
sigo mirando hacia el sol,
caminos inciertos, pero llenos de amor,
amor hacia mi,
amor hacia los demás,
amor hacia la naturaleza,
y hacia ese sol,
que no me abandonará jamás.

Triste distanciamiento

Se aleja,
muy lentamente,
ese velero cargado de recuerdos,
no distingo con claridad
ese sendero lleno de obstáculos.

Un cruce de caminos,
destino incierto,
un mar infinito,
tormentas de sentimientos,
un cielo estrellado,
dibujos dorados sobre el mar.

Me agarro
con fuerza
a ese velero que se aparta,
no entiendo,
un mar de dudas,
un navegar incierto.

Un mundo irreal,
risas, miradas y confidencias,
torbellinos que arrastran,
muros insuperables,
canciones sin sentido
que cantan sirenas en el mar.

Paisajes soñados

Un suave amanecer,
un nuevo empezar,
surge del mar con su dorado esplendor,
despierta lentamente entre bostezos,
el mar se retira respetuoso,
ante ciclos que dirige la luna,
deja descubierta una inmensa playa,
húmeda y de arena blanca,
brillan conchas y caracolas
y pasean gaviotas curiosas;
barcos en la lejanía,
pesqueros luchando por sobrevivir,
amantes del mar;
suena una canción
que habla de una preciosa región,
un océano entre acantilados,
rías que dibujan cuadros sobre la tierra,
recuerdos que despiertan sonrisas,
manos que te unen en un caminar común,
un libro abierto con historias sin contar
y se deslizan sobre este inmenso mar;
cada vez que vengo a ti,
me envuelves en un abrazo,
tierra de mil colores,
nunca dejes de cantar,
entre alegría y melancolía,
sentada en una calmada cala,
hundiendo mis manos en tus finas arenas,
una mirada perdida hacia el mar,
me seguirás transmitiendo esa paz.

Laberinto inquieto

Un laberinto ,
entradas abiertas,
caminos inciertos,
cruces y obstáculos,
tropiezos que asustan,
grandes incertidumbres,
vueltas sin retorno,
muros insuperables,
valentía imprescindible,
giros que aturden,
se oyen lamentos,
brisas que traen alivio,
una búsqueda desesperada,
sueños de una mano amiga,
anhelo de compañía,
resuenan melodías conocidas,
una risa en la lejanía,
miedo a la soledad,
un rayo de sol,
ese cansado caminar,
un grito de desesperación,
frío y oscuridad,
la vida real,
un laberinto,
sólo una salida
y ese incesante caminar.

Frágil tesoro

Frágil como un cristal,
se resquebraja tras un pequeño golpe,
sensible como una lágrima,
se alimenta de dolor e incomprensión,
fugaz como el viento,
que erosiona duros corazones,
caduco como las hojas de un roble,
se adormece en tristes otoños,
infinito como el inmenso mar,
caben miles de historias por contar,
delicado como la más preciosa flor
que marchita sin mimos y cuidados,
poderoso como el sol,
capaz de iluminar oscuras noches,
alegre como el cantar de un pájaro,
melodías que susurran palabras de cariño,
moribundo ante las injusticias,
que pegan con fuerza hasta las manos separar,
peligroso como una poderosa droga,
donde duele la lucha contra esa adicción,
triste como el llanto de aquella sirena,
que observa el barco alejarse,
... esa es la amistad...

Alegrías caducas

Grandes paladas de tierra
caen sobre mi corazón,
enterrando sentimientos,
un funeral colmado de dolor,
sobrevive un alma vacía,
sin anhelos ni sueños,
buscando paz interior;
quedaron sepultados los recuerdos,
dejando heridas incurables,
tras luchar por lo inexistente,
en la búsqueda de lo infinito,
confiando en un sendero sin tropiezos,
abandono y un futuro incierto.

Abre los ojos,
vive lo real,
comprende la caducidad del momento,
disfruta de lo que nunca volverá,
abre los oídos,
escucha la verdad,
acepta los cambios y los giros
y en tu única compañía sincera,
cierra tu boca,
esconde tus sentidos,
que nadie te acompañará
y tu sólo con las bestias tendrás que lidiar.

Brisa esperanzadora

Esperanza,
reluce de nuevo el sol,
siento su calor, su brillo, su fuerza,
el cielo está despejado,
no hay nubes que tapen el horizonte.

Esperanza,
cantan de nuevo los pájaros,
resplandecen con su plumaje colorido,
bailan las ramas de los árboles,
sacudiendo sus hojas en un arrebato de
alegría.

Esperanza,
camino firme y mirando de frente,
las injusticias dieron paso a la comprensión,
respiro calma y siento esas manos queridas,
que me acompañan en el sendero de la vida.

Caminar asustado

Pequeños pasos,
inciertos,
dudosos,
hay resquicios del miedo,
las heridas ya no sangran,
pero quedaron cicatrices.

Pequeños pasos,
inseguros,
sigilosos,
se ha creado una barrera,
que no deja mirar al futuro,
aprendiendo a vivir del presente.

Pequeños pasos,
valientes,
optimistas,
palabras llenas de cariño,
abrazos que dan fuerza,
un sol que ilumina el camino.

Felicidad fugaz

Un dulce despertar,
la palmera baila,
el viento marca el compás,
blancas gaviotas hablan de Paz.

Un tranquilo caminar,
pies descalzos sobre fina arena,
abrazos cariñosos de rayos de sol,
delfines saltarines hablan de felicidad.

Un melancólico mirar,
el cielo dibuja un arco iris,
nubes blancas transportan sueños,
la Naturaleza me habla de esperanza.

Papel y pluma viajando de la mano

Un papel y una pluma
se fusionan en un sueño,
surgen dudas e ilusiones,
desde las profundidades,
de un apasionado corazón,
palabras que transportan sentimientos,
que gritan al mundo
y lloran y ríen a la vez,
palabras que reflejan sensaciones,
lanzan sueños al cielo
y calman un alma intranquila;
un papel y una pluma,
se unen en un viaje común,
guardan secretos y sueños,
los liberan, los dejan volar,
y colman de paz este corazón.

Permitiendo deseos prohibidos

Estrellas doradas,
bailan al son de una canción,
la luna observa,
testigo de sueños,
caricias y besos,
cariño y pasión,
abrazos deseados,
una mano que da calor,
miradas de complicidad,
palabras de comprensión,
una oculta admiración,
historias soñadas,
amantes imaginarios,
fantasías apasionadas,
dulces sonrisas,
vuela la imaginación.

Luna poderosa,
guarda esos secretos
bajo tu brillante manto,
sigue iluminando
esas noches soñadoras,
que hacen vibrar,
cuerpos desnudos,
almas ardientes,
no hables de frutos prohibidos,
mas canta canciones de amor.

Amanecer esperanzador

Algo crece en el interior,
una mezcla entre alegría y dolor,
aturde la mente con su poder,
se ilumina con cada amanecer.

Envueltos por una niebla espesa,
surgen sentimientos ocultos,
borrosos se asoman con timidez,
anhelando un nuevo amanecer.

Se despierta el sol con sigilo,
diminutas perlas cubren el verde prado,
un corazón rebosante de alegría,
soñando con un único amanecer.

Algo resurge desde el interior,
brota como la más bella flor,
como una mariposa vuela la imaginación,
amaneciendo día a día en este corazón.

Niebla de inseguridad

Dos manos
palpando a tientas,
buscando lo imposible,
tropezando en la oscuridad.

Una mirada,
borrosa, sin ver más allá,
tratando de vislumbrar
lo que tras la niebla hallará.

Pasos inseguros
adelantándose con sigilo,
con miedo a parar
y perder el sendero donde avanzar.

Sabiduría de alma y corazón

Qué difícil es
expresar con claridad lo que uno siente,
qué difícil es
entender los propios sentimientos,
qué difícil es
guardar palabras de duda y confusión.

Qué tentador es
cantar para no ver nubes negras,
qué tentador es
reír y jugar al nada tiene importancia,
qué tentador es
acordarse sólo de historias bonitas.

Qué difícil es
contentar a todos los que te rodean,
qué difícil es
pensar además un instante en uno mismo,
qué difícil es
buscar balanza entre el dar y recibir.

El camino de la vida es difícil
pero no insuperable,
es tentador caminar
por senderos lisos,
sin curvas ni piedras,
que hagan tropezar,
pero los caminos difíciles
hacen crecer y entender,
y esa sabiduría de alma y corazón
es un bastón
en momentos de flaqueza.

Latidos

Frágil como esa copa tallada,
Delicada como esa mariposa dorada,
volátil como pequeñas partículas de polvo,
intensa como un corazón lleno de emociones,
cambiante como el color de las estaciones,
preciosa como el reflejo del sol sobre el mar,
alegre como oír a un pájaro cantar,
soñadora como un libro viejo abierto,
melancólica como un baúl repleto de historias,
emocionante como subir a la más alta montaña,
caduca como las hojas de ese poderoso roble,
.... La vida
       ... mi vida
              ... mi tesoro

Incomunicación

Las puertas se han cerrado,
de nuevo,
de golpe,
el doble cerrojo echado,
con rabia,
con fuerza,
y yo me he quedado fuera,
tormentas azotan todo mi ser,
siento temblar la tierra,
que tan firme y estable parecía,
siento manos que agarran,
voces que me hablan,
pero yo quiero entrar,
pico con fuerza,
llamo con desesperación
¡No me excluyas!
pero la puerta se cerró...

Viaje de la vida

Camina,
a veces sólo,
otras le acompañan,
sigue caminando,
a veces brilla el sol,
otras azotan tormentas,
camina
respirando profundamente,
gozando de momentos inolvidables,
incesante caminar,
ríe, se abraza y le canta a la vida,
miradas de cariño le sonríen con dulzura,
camina
y tropieza,
se levanta y se sacude el polvo,
caminar sin rumbo,
pero siguiendo una senda,
quedan marcadas las pisadas,
para,
en seco,
ante un precipicio insalvable,
sigue parado,
buscando senderos alternativos,
mira hacia atrás
y miradas le sonríen,
es el final del camino,
de un camino sin retorno,
salta y se siente volar,
miedo, paz, amor y soledad,
llegó a su fin su caminar.

Decisión valiente

¿Me subo a ese tren?
un nuevo viaje,
nuevos destinos,
inciertos e inseguros,
aventura e ilusión.

¿Me subo a ese tren?
parado en la estación,
espera una y otra vez,
a pasajeros sin equipaje
que buscan nuevos rumbos.

¡Me subo a ese tren!
llegó la hora de partir,
el libro se cerró,
una novela concluyó
y nuevas historias se han de escribir.

Fuego consumido

Una pequeña llama,
parpadea con temor,
el fuego se consumió
y la brasa mantiene el calor.

Una ráfaga de viento
se cuela en el corazón,
un destello en la oscuridad
recuerda a esa lumbre de pasión.

Pero no siente frío el corazón,
fueron muchos días de calor,
noches de amor y dulzura,
recuerdos que no dejan paso al dolor.

Firme caminar en inmaduros senderos

Floreciendo en plena primavera,
un arco iris de ilusión,
sueños que trazan caminos,
madurez en plena juventud,
un corazón rebosante de bondad,
una mano que no abandona jamás,
gran sabiduría en este mundo irreal,
importantes valores que lucha por defender,
sonrisas durante las tormentas,
nubarrones almacenados en algún recoveco,
silencio que dibuja nuevos sueños,
una mar calmada,
brillo y calor del sol,
un vivir con intensidad,
caminando con valor…

Descanso

Tímido asoma el sol tras las montañas,
se oye un dulce piar de un pájaro madrugador,
el bosque despierta con su esplendor.

Cariñoso abre el sol sus brazos,
el zumbido de una abeja conquista otra flor,
el viejo roble cobija a un coro cantarín,
orgulloso muestra el prado su verdor.

El sol acaricia ese solitario rostro,
que observa ese incesante vivir,
y le anima a unirse a ese cantar
y dejar por fin de sufrir.

Conexión

La Naturaleza
habla, susurra y canta una dulce canción,

la Naturaleza
escucha, acompaña y abraza con calor,

la Naturaleza
vive y despierta sentimientos de pasión,

la Naturaleza
acaricia y aprieta tu mano en momentos de dolor.

Solitario caminar en compañía

Siento un abrazo,
me da fuerza,
pero me suelta...
siento una mano,
la agarro con firmeza,
pero se separa...
siento voces,
que dan aliento,
pero se apagan,
siento caricias,
las disfruto sin más,
pero se distancian,
siento miradas
de complicidad y comprensión,
pero les tapa la oscura noche,
siento que están allí,
que no me abandonarán,
y continuamente regresarán,
un susurro, una caricia,
un abrazo o un confiado mirar,
están allí, junto a mi,
se irán y volverán,
pero se terminarán por marchar,
no hay abrazo que dure una eternidad,
ni mano que agarre de verdad,
no hay voces que nunca callarán,
ni caricias sin intenciones escondidas,
ni una mirada que no inunden las lágrimas,
solo estás, solo te encontrarás
y solo tendrás que caminar.

Cruces de caminos

Un baile de letras
que se mueven al compás,
creando tímidos mensajes,
liberando profundos sentimientos.

Hablan de recuerdos
de tiempos pasados,
relatan vivencias
y susurran sueños.

Palabras que son igual a la mano
que te agarra ahuyentando la soledad,
que son el pañuelo
que enjuaga lágrimas de dolor,
palabras que entonan canciones
y esconden melancolía y sinceridad,
que comparten pensamientos,
floreciendo así la complicidad,
palabras que no arrastra el viento
y se escuchan sin necesidad de gritar,
que son la risa y el llanto
que navegan por rumbos inciertos,
palabras que traen luz a la vida,
como los rayos del sol al amanecer
que abrazan con cariño
y forman los pilares de una gran amistad.

Un juego de letras
que ansían cada nuevo despertar,
es brisa fresca desde el mar,
llenando dos almas de paz.

Hablan de sentimientos,
de tiempos futuros,
relatan historias
que todavía se han de contar.

Sin resignación buscando horizontes

Esa gaviota blanca
que planea sobre el mar...
...acaso se siente sola?
Tal vez, pero disfruta de su libertad!

Ese abeto esbelto
que observa como talan a sus hermanos...
... acaso se queda solo?
Tal vez, pero con mucha fuerza para sobrevivir!

Esa luna curiosa
que ve el mundo en su esplendor,
... acaso está sola?
Tal vez, pero hay muchos que la admiran!

Esa insignificante florecilla
que crece a la sombra de una rosa con
poderío...
...acaso vive sola?
Tal vez, pero hay muchas igual que ella!

Esa piedra cubierta de polvo
que descansa en un solitario sendero...
... acaso busca compañía?
Tal vez, pero aprendió a sentirse a gusto
consigo misma!

Camino con sigilo, sin mirar atrás,
mis manos buscan, mi mirada anhela...
...acaso me siento sola?
Tal vez, pero vuelo como esa gaviota,
lucho como ese abeto,
tengo sueños como la luna,
comparto como esa flor
y descanso hallando paz
como la roca de aquel sendero...

Un cuadro de ilusión

Purpurina dorada,
brilla el inmenso mar,
aguas calmadas,
la brisa acaricia,
el sol abraza,
navegan sueños,
y el horizonte dibuja
un cuadro de ilusión...

Futuro luminoso

La injusticia arañó mi corazón,
sigue creciendo el caudal de ese río púrpura,
el dolor petrificó mi alma,
sueños y sentimientos
gritando tras las rejas de la prisión,
la decepción enturbió mi mirada,
lágrimas inundaron los caminos recorridos,
mi confianza sanará mi corazón,
abrazará esos corazones
que no me dejaron caer,
mi valor fortalecerá mi alma,
abrirá esa fría cárcel y volará hacia el sol,
mi alegría iluminará mi mirada,
un destello de ilusión
e historias para compartir.

Heridas eternas

Un manantial inagotable,
gota tras gota le hace crecer,
una mirada triste,
mucho dolor que vencer;

una cueva profunda,
albergando diminutos diamantes,
lágrimas petrificadas,
nacidas de un corazón herido;

el mar cautiva esos ojos,
el sol acaricia ese corazón,
pequeños riachuelos de esperanza
que cubren el rostro con ilusión.

Fiel consejero

¿Qué me cuentas?
¿Qué me susurras?
Infinito mar, abrazándome una y otra vez,
tus olas traen mensajes de esperanza,
tus diminutos destellos me sonríen,
desde el horizonte me observas con cariño,
me hipnotizas colmándome de paz...
no dejes de contarme mil secretos,
no dejes de susurrarme historias por vivir...

Una necesidad

Una mano,
que me ayude a caminar
... ahuyentará la soledad,
una mano,
que cariño pueda expresar
... ríos de lágrimas secará,
una mano,
que comprensión sepa dar
... un alma angustiado apaciguará,
una mano,
que calor haga llegar
... con frías noches terminará,
una mano,
que con dulzura quiera acariciar,
... sentimientos ahogados despertará,
esa mano,
una necesidad,
una sola o más,
manos amigas,
una sensación de paz,
percibiendo la bondad
en este común caminar...

Belleza de la libertad

Bella gaviota,
que planeas sobre el mar,
un grito al viento,
acalla injusticias
y defiendes tu libertad.

Dulce gaviota,
que planeas sobre el mar,
te fundes en el dorado sol,
despertando sueños
y repartes mensajes de paz.

Dejarse llevar

Un pequeño bote,
balanceo sin rumbo,
no se vislumbran rocas,
que hagan chocar,
un azul infinito,
un viaje sin retorno,
sin paradas previstas
y sólo ese dulce navegar.

Una pequeña isla,
refugio de paz,
una fuerte palmera,
donde agarrarse sin más,
un respiro en este viaje,
de rumbo incierto,
una estrella fugaz
y sólo cantar y soñar.

De nuevo en el bote,
en dirección horizonte,
el sol estira sus dorados brazos,
salpicando el cielo anaranjado,
un viaje fortalecedor,
repleto de ilusión,
una mirada sonríe
y sólo vivir y dejarse llevar.

www.ingramcontent.com/pod-product-compliance
Lightning Source LLC
Chambersburg PA
CBHW061446040426
42450CB00007B/1245